W9-ARD-166

La Navidad

Contada por Heather Amery

Diseño: Maria Wheatley
Ilustraciones: Norman Young
Asesora de lenguaje: Betty Root
Traducción: Malihe Forghani-Nowbari

Estos son María y José.

Hace mucho tiempo María y José vivían en Nazaret.
José era carpintero. María esperaba un niño.

Fueron a Belén.

María y José tuvieron que caminar casi todo el trayecto.
Iban a inscribirse para pagar sus impuestos.

Belén estaba lleno de gente.

María y José intentaron encontrar una habitación para dormir. Pero no quedaba sitio en ninguna parte.

Pararon en la última posada.

"Todas las habitaciones están ocupadas", dijo el
posadero, "pero si quieren, pueden dormir en el establo."

El establo era limpio y estaba caliente.

José preparó un lecho de paja para María. Lo cubrió con su capa. María se tumbó en él. Estaba muy cansada.

Esa noche nació su niño.

María lo llamó Jesús. Le puso ropa limpia y le preparó
una cunita en un pesebre.

Cerca del pueblo había unos pastores.

Dormían cerca de sus ovejas para protejerlas de los animales salvajes. La noche era oscura y silenciosa.

De repente apareció una
luz brillante.

El cielo se llenó de luz. Los pastores se despertaron
sobresaltados. Estaban muy asustados.

Un ángel les habló.

"No tengan miedo. Vayan a Belén. En un establo encontrarán a un recién nacido que es Cristo Nuestro Señor."

Los pastores fueron a Belén.

Pronto encontraron el establo y se arrodillaron frente al niño. Le contaron a María lo que les había dicho el ángel.

Los pastores estaban muy contentos.

Le contaron a toda la gente de Belén acerca de Jesús.
Luego volvieron a sus ovejas, cantando alabanzas a Dios.

Lejos de allí había tres Reyes Magos.

Vieron una estrella muy brillante atravesando el cielo.
Significaba que algo especial había ocurrido.

Fueron tras la estrella.

Pasados muchos días, se paró sobre Belén. Los Reyes Magos sabían que habían venido al lugar correcto.

Los Reyes Magos encontraron a Jesús.

Entraron y vieron a María con su niño. Se arrodillaron y le ofrecieron los regalos que habían traído.

María y José volvieron a casa.

Se llevaron al niño Jesús en un viaje muy largo y difícil.
Por fin, llegaron a su casa en Nazaret.